# Todo el mundo
# juega

Aimee Popalis

rourkeeducationalmedia.com

*Escanea el código para descubrir títulos relacionados y recursos para los maestros*

## Enfoque de la enseñanza:

Terminaciones: *-ó* y *–ando* o *-endo.* Localice las palabras «jugó» y «saltando» en el libro. Escriba las palabras y subraye la palabra raíz. Luego compare las terminaciones. ¿Puede añadir *-ó* o *-ando* o *–endo* a cada palabra? ¿Cómo cambia el final el significado de la palabra raíz? Practique el uso de las terminaciones con otra palabra raíz.

## Antes de leer:

### Construcción del vocabulario académico y conocimiento del trasfondo

Antes de leer un libro, es importante que prepare a su hijo o estudiante usando estrategias de prelectura. Esto les ayudará a desarrollar su vocabulario, aumentar su comprensión de lectura y hacer conexiones durante el seguimiento al plan de estudios.

**Área de contenido**
**Vocabulario**
*Utilice palabras del glosario en una frase.*

festivales
generaciones
juegos de mesa
portátiles
tecnología
videojuegos

1. Lea el título y mire la portada. *Haga predicciones acerca de lo que tratará este libro.*
2. Haga un «recorrido con imágenes», hablando de los dibujos/fotografías en el libro. Implante el vocabulario mientras hace el recorrido con las imágenes. Asegúrese de hablar de características del texto tales como los encabezados, el índice, el glosario, las palabras en negrita, los subtítulos, los gráficos/diagramas o el índice analítico.
3. Pida a los estudiantes que lean la primera página del texto con usted y luego haga que lean el texto restante.
4. Charla sobre la estrategia: úsela para ayudar a los estudiantes mientras leen.
   - Prepara tu boca
   - Mira la foto
   - Piensa: ¿tiene sentido?
   - Piensa: ¿se ve bien?
   - Piensa: ¿suena bien?
   - Desmenúzalo buscando una parte que conozcas
5. Léalo de nuevo.
6. Después de leer el libro, complete las actividades que aparecen abajo.

## Después de leer:

### Actividad de comprensión y extensión

Después de leer el libro, trabaje en las siguientes preguntas con su hijo o estudiantes para comprobar su nivel de comprensión de lectura y dominio del contenido.

1. ¿Cuáles son algunos juegos al aire libre que practica la gente? *(Haga preguntas).*
2. ¿Con quién puedes jugar? *(Resuma).*
3. ¿Qué tipo de juegos practicas con tu familia? *(Texto para conectar con uno mismo).*
4. ¿Por qué los juegos tradicionales son importantes para los jugadores? *(Infiera).*

### Actividad de extensión

Piensa en tus juegos favoritos. ¿Qué te gusta de cada uno? ¡Trata de tomar tus partes favoritas de cada uno de ellos y crea uno nuevo! ¿Cuáles son las reglas? ¿Lo juegas afuera o adentro? ¿Tienes un tablero especial para jugar? ¿Qué piezas o equipos necesitas? ¿Cómo ganas? Reúne a tu familia y amigos y haz que participen en el juego.

¿Qué juegos te gustan?

Los juegos son divertidos para practicar con tus amigos, familia o por tu cuenta.

El ajedrez y otros **juegos de mesa** se practican moviendo piezas especiales en un tablero.

**Rusia**

La gente en Rusia ha jugado ajedrez desde hace más de 1,000 años.

Algunos juegos se pueden hacer con cosas que se encuentran en casa o afuera, como tiza, bufandas o palos.

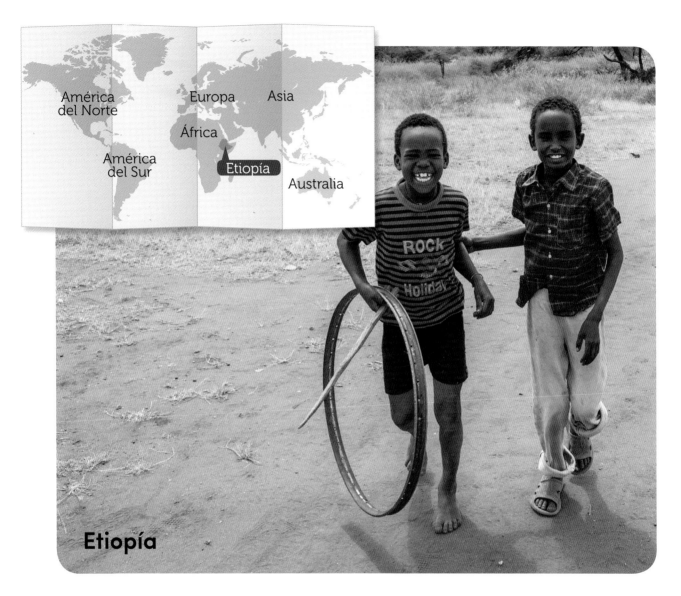

América
del Norte

Europa

Asia

África

América
del Sur

Etiopía

Australia

Etiopía

En Etiopía, los niños juegan al aro
con los objetos que encuentran.

India

Los **videojuegos** usan **tecnología** y electricidad. La gente en todo el mundo puede jugar videojuegos en televisores, computadoras y teléfonos inteligentes.

**Japón**

Usando Internet, puedes jugar con niños de Japón, India y otros lugares ¡en todo el mundo!

Para algunos juegos, todo lo que necesitas es tu imaginación.

América
del Norte

Europa

Asia

Israel

Malasia

América
del Sur

África

Australia

Malasia

El congkak se juega en Malasia. El dreidel es popular en Israel. Juegos tradicionales como estos se han estado practicando durante **generaciones**.

Israel

América
del Norte

Europa

Asia

México

América
del Sur

África

Australia

México

La gente juega en casa, en la escuela, en fiestas y **festivales**. Romper una piñata es un juego tradicional de las celebraciones mexicanas.

Los juegos **portátiles** pueden viajar contigo sin importar en qué parte del mundo estés.

Tailandia

Algunos juegos se practican en un patio de recreo. A los niños en Tailandia les gusta jugar saltando la cuerda.

América
del Norte

América
del Sur

Europa

África

Asia

China

Tailandia

Australia

China

El mahjong es un juego para pensar en silencio y a menudo se juega en interiores. El mahjong se jugó por primera vez en China a comienzos del siglo veinte.

Los juegos de cartas son muy divertidos
en días lluviosos.

Cualquiera que sea el juego que elijas, la meta es divertirte. ¡Juguemos!

# Glosario fotográfico

 **festivales:** fiestas que marcan días o eventos especiales.

 **generaciones:** personas nacidas alrededor del mismo período de tiempo.

 **juegos de mesa:** juegos que se practican en una mesa, tales como las damas o el ajedrez.

 **portátiles:** que se pueden llevar o mover fácilmente.

 **tecnología:** herramienta, máquina o pieza de equipo hecha por el hombre y que realiza una función.

 **videojuegos:** juegos electrónicos en los que un jugador controla las imágenes en una computadora o pantalla de televisión.

## Índice analítico

## Demuestra lo que sabes

1. ¿Qué son los juegos tradicionales?
2. Menciona algunos juegos practicados por gente alrededor del mundo.
3. ¿Prefieres los juegos silenciosos o activos? Explica tu respuesta.

## Sitios web (páginas en inglés)

www.web.archive.org/web/20130523212246/http://playgroundfun.org.uk

www.thehenryford.org/exhibits/toys

www.parents.com/fun/games/educational/games-from-around-the-world

## Sobre la autora

Aimee Popalis es maestra de preescolar en Florida. Cuando era niña, le encantaba jugar con su abuela e inventar juegos nuevos, como el baloncesto en patines, o jugar con su hermano y sus amigos del barrio. Aún disfruta jugando con su familia y le encanta crear juegos nuevos para practicarlos con sus estudiantes.

¡Conoce a la autora! (Página en inglés). www.meetREMauthors.com

www.rourkeeducationalmedia.com

PHOTO CREDITS: Cover: © Bojan Kontrec, Matt Ramos; Title Page: © ideabug; Page 3: © LifesizeImages; Page 4: © Africa Images; Page 5: © Mypurgatoryyears; Page 6: © Diane Labombarbe; Page 7: © Shape Charge; Page 8: © assalve; Page 9: © Martchan; Page 10: © ranplatt; Page 11: @ Siwasan; Page 12: © Andrew Rich; Page 13: © Yuri Arcurs; Page 14: © Masuti; Page 15: © Golden Pixels LLC; Page 16: © Todd Warnock; Page 17: © Monkey Business Images; Page 18: © tomgigabite; Page 19: © Tomas Skopal; Page 20: © Matjaz Boncina; Page 21: © Wojciech_gajda

Editado por: Keli Sipperley
Diseño de tapa e interiores por: Tara Raymo
Traducción: Santiago Ochoa
Edición en español: Base Tres

**Library of Congress PCN Data**

Todo el mundo juega / Aimee Popalis
 (Un mundo pequeño para todos, en todas partes)
 ISBN (soft cover - spanish) 978-1-64156-021-4
 ISBN (e-Book - spanish) 978-1-64156-099-3
 ISBN (hard cover)(alk. paper) 978-1-63430-360-6
 ISBN (soft cover) 978-1-63430-460-3
 ISBN  (e-Book) 978-1-63430-557-0
 Library of Congress Control Number:   2015931687

Rourke Educational Media
Printed in China, Printplus Limited, Guangdong Province